ÉMILE REGNAULT

ANCIEN PRÉFET DU DOUBS, DÉ LA MARNE

DE SAÔNE-ET-LOIRE, DE LA CHARENTE-INFÉRIEURE, DU LOIRET

ANCIEN CONSEILLER D'ÉTAT

DIRECTEUR GÉNÉRAL DES AFFAIRES CIVILES ET FINANCIÈRES

DE L'ALGÉRIE

ANCIEN DIRECTEUR DES MANUFACTURES GÉNÉRALES DE L'ÉTAT

ANCIEN MAIRE DE TANNAY (NIÈVRE)

PARIS

TYPOGRAPHIE DE E. PLON, NOURRIT ET Cⁱᵉ

RUE GARANCIÈRE, 8

—

1890

ÉMILE REGNAULT

ANCIEN PRÉFET DU DOUBS, DE LA MARNE

DE SAÔNE-ET-LOIRE, DE LA CHARENTE-INFÉRIEURE, DU LOIRET

ANCIEN CONSEILLER D'ÉTAT

DIRECTEUR GÉNÉRAL DES AFFAIRES CIVILES ET FINANCIÈRES

DE L'ALGÉRIE

ANCIEN DIRECTEUR DES MANUFACTURES GÉNÉRALES DE L'ÉTAT

ANCIEN MAIRE DE TANNAY (NIÈVRE)

PARIS

TYPOGRAPHIE DE E. PLON, NOURRIT ET Cie

RUE GARANCIÈRE, 8

—

1890

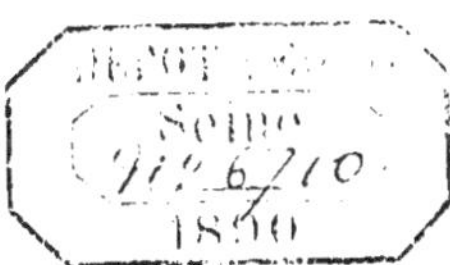

A

MADAME REGNAULT

HOMMAGE

DE

RESPECTUEUX ATTACHEMENT

G. PALLAIN.

ÉMILE REGNAULT

Pour faire durer un régime politique, il ne faut pas
seulement des hommes de gouvernement, il faut aussi
des hommes d'administration. Tout établissement politique est précaire si, à côté, au-dessous des personnages
qui occupent le devant de la scène, chefs de parti, ora-
teurs, secrétaires et sous-secrétaires d'État, il ne se forme
pas un groupe de collaborateurs, moins en vue, mais
pénétrés du même esprit, dévoués à la même cause et
capables, dans les différentes branches des services
publics, de créer peu à peu aux institutions nouvelles ce
bon renom, cette popularité solide qui sont la récom-
pense d'une gestion impartiale et compétente, faisant
chaque jour toucher du doigt sa supériorité bienfaisante
par la marche imprimée aux affaires, par les solutions
données aux innombrables questions de détail qui
touchent de près les populations les plus indifférentes
à la politique, au jeu des partis et des coteries.

Les hommes bien préparés à jouer ce rôle utile n'abondent pas en général. C'est l'extrême rareté des capacités administratives qui explique que tant qu'en France, sous une forme ou sous une autre, le gouvernement resta monarchique, on vit les dynasties les plus violemment ennemies entre elles se repasser presque en entier l'une à l'autre leur personnel de chefs de service, de directeurs, de préfets, de magistrats, appelés successivement en 1815, en 1830 et en 1852, à faire bénéficier de leur expérience acquise les régimes dont ils avaient combattu les fondateurs tant qu'ils n'étaient que prétendants.

La troisième République, on le comprend, n'avait pas cette ressource. Née d'une crise nationale dans l'effondrement du système administratif et militaire du second Empire, elle ne pouvait guère, en dehors de quelques exceptions, espérer le concours d'un état-major imbu d'idées, nourri de maximes en antagonisme déclaré avec l'origine et les principes du gouvernement nouveau.

Aussi se fût-elle trouvée dans un redoutable embarras, en même temps qu'elle était dans le plus pressant péril, si des hommes de courage et de dévouement n'étaient accourus à son appel pour improviser, en face de l'invasion, une administration, des finances, une armée.

La presse, le barreau, les assemblées électives, les corps savants, les grandes écoles, fournirent leur contingent dans ce suprême effort.

Les plus modestes étaient devenus hardis en présence
de l'immensité de la catastrophe.

Parmi tous ceux qui, sans se demander s'ils agissaient
prudemment ou non, quittèrent alors le sentier paisible,
la voie toute tracée, un des plus nobles cœurs fut notre
ami Regnault.

Entré à l'École polytechnique en 1855, il excellait
dans le savoir technique qui fait l'ingénieur, mais n'était
en aucune manière un pur et simple spécialiste à tiroirs
et à compartiments. Lettré et porté même par un goût
naturel vers la partie politique et satirique (on a conservé
de lui quelques pièces qui méritent de voir le jour), il
avait gardé de son éducation intégrale ce grain de phi-
losophie indépendante, cette aptitude à voir de haut et
d'ensemble, faute desquelles les meilleurs esprits, une
fois passée la phase brillante et libérale de la jeunesse,
retombent peu à peu sous le joug des conventions.

Sorti dans les premiers rangs de l'École, avec le titre
d'ingénieur des manufactures de l'État, et attiré là où
l'appelaient, non son avancement, mais ses convictions,
il se fit bientôt remarquer parmi la jeunesse d'élite qui
se groupait autour des chefs de l'opposition au second
Empire. On l'appréciait pour l'ardeur de ses opinions
libérales, et aussi pour la solidité de son jugement, pour
la perspicacité politique qui perçait déjà en lui, et ce
bon sens impitoyable qui le mettait en garde, malgré
sa jeunesse, contre certaines illusions et le maintenait
toujours sur la terre ferme. C'est à la confiance particu-

lière qu'il inspirait qu'il dut, étant en résidence à Bordeaux en 1870, de se voir offrir par Gambetta la préfecture de Toulouse. Mais il déclina cette offre, sous l'empire de scrupules qui faisaient honneur à la délicatesse de son patriotisme non moins qu'à la modestie de son caractère.

Membre actif du comité de défense de la Gironde, chargé par le gouvernement de la Défense nationale de la surveillance des arsenaux, il n'accepta un poste supérieur qu'à l'heure ingrate et désespérée où sa conscience ne lui permettait plus de se refuser au pays et à la République.

Nommé préfet du Doubs le 27 janvier 1871, il dut traverser sous un déguisement les lignes prussiennes, cheminant à pied à travers les champs dévastés, restant parfois vingt-quatre heures sans un gîte, sans un morceau de pain.

Cet ardent patriote n'était pas de ceux qui reprochaient à M. Thiers d'avoir négocié une paix malheureusement nécessaire ; il avait vu de ses yeux les réalités de l'invasion, et dans les lettres qu'il faisait parvenir, non sans difficulté, à la noble compagne de sa vie, à celle qui, dès les premiers jours de leur union, s'était associée à toutes ses pensées, à ses tristesses comme à ses joies, il ne cachait pas son sentiment sur la seule politique que le patriotisme imposait dans ce douloureux naufrage.

Le département du Doubs eut à se féliciter d'avoir à sa tête, dans un moment où l'ennemi, maître du territoire, commandait et réquisitionnait comme en pays conquis, et où les populations pressurées, privées de tout moyen de communication, se trouvaient livrées à toutes les impulsions de l'affolement, un administrateur d'un jugement aussi ferme, d'un caractère aussi énergique.

Dans la Marne, où il fut envoyé en avril 1871 par Ernest Picard, ministre de l'intérieur, il retrouva les Prussiens [1].

Lorsqu'il quitta ce département, en novembre de la même année, pour celui de Saône-et-Loire, le conseil général lui vota à l'unanimité des remerciements et demanda au gouvernement son maintien à Châlons, avec avancement sur place [2]. Révoqué dans les premiers jours qui suivirent le renversement de M. Thiers, il rentra

[1] « Ayant besoin d'un homme de votre valeur pour le département de la Marne, qui a tant souffert de la guerre et que doivent occuper encore les Prussiens, nous avons pensé que vous seriez parfaitement apte à faire face aux difficultés de la situation, et nous espérons que vous ne refuserez pas d'accepter la mutation qui a été arrêtée hier, et qui est un témoignage de confiance. » Dépêche d'Ernest Picard, ministre de l'intérieur.

[2] Voici ce que disait le *Progrès de la Marne* :

« La nouvelle annonçant le changement de M. Regnault, appelé à la préfecture de Saône-et-Loire, a excité parmi toute la population un sentiment de vifs et sincères regrets. On s'était habitué à considérer M. Regnault comme un des siens. Ses manières affables autant que conciliantes, son esprit élevé et à la fois impartial, son dévouement aux idées modernes, son activité, son zèle à remettre un peu d'ordre dans cet immense désordre créé par la guerre et l'occupation étrangère, tout, jusqu'à cette aménité exempte de morgue qu'il apportait dans ses relations, l'avait rendu doublement sympathique.

« Sa tâche était pourtant bien difficile, si on songe surtout que le département de la Marne est encore occupé par l'étranger. Mais grâce à de persévérants efforts, M. Regnault était parvenu en quelques mois à assurer

dans l'administration en avril 1876, comme préfet de
la Charente-Inférieure, au moment où la pression de
l'opinion publique venait de forcer M. le maréchal de
Mac Mahon à agrandir la place faite au centre gauche
dans le cabinet.

Révoqué de nouveau au 16 mai, avec un délai de
vingt-quatre heures pour venir, sous peine de radiation
des cadres, reprendre à Paris son rang dans l'adminis-

partout le libre fonctionnement de tous les services de l'administration
départementale.

« Homme de progrès avant tout, M. Regnault mettait toute sa confiance,
tout son espoir dans les institutions républicaines. Nous avons pu le con-
stater dans son remarquable rapport au Conseil général; à ses yeux, il n'y
avait de salut possible pour la France que dans la diffusion des lumières,
l'extension de l'instruction. Ajoutons que de ce côté, du moins, il a obtenu
du Conseil général tout ce qu'il pouvait en attendre et tout ce qu'il lui a
demandé. »

Compte rendu analytique de la séance du Conseil général de la Marne,
du 13 novembre 1871.

« M. le préfet annonce au Conseil sa nomination à la préfecture de
Saône-et-Loire; il exprime le profond regret de quitter la Marne et de se
séparer des membres du Conseil général, avec lesquels il espérait continuer
des relations si heureusement commencées. »

M. le président se lève et prononce les paroles suivantes :

« Messieurs, je crois être l'interprète des sentiments de tous les membres
du Conseil général, en exprimant la pénible surprise et le regret que nous
cause l'avis du départ prochain de M. le préfet. Le peu de mois que
M. Regnault a passés dans notre département lui a suffi pour se mettre
avec une rapidité remarquable au courant de tous les services, et chacun
de vous a pu apprécier sa facilité de travail, sa haute intelligence, en même
temps que son esprit conciliant et la loyauté de son caractère. Aussi, tout
en applaudissant à un avancement dont M. le préfet est digne à tous
égards, le Conseil général est, je n'en doute pas, unanime pour regretter
de voir ce haut fonctionnaire quitter si tôt l'administration de ce département. »

Le Conseil s'associe aux sentiments exprimés par son président, et il
décide à l'unanimité que ses paroles seront insérées au procès-verbal.

tration des manufactures de l'État, il fut, le 17 décembre suivant, réintégré préfet de la Charente-Inférieure par M. Dufaure, avec la première classe de son grade.

Il se complaisait dans ce beau département que son habile administration, que son action personnelle et continue avaient peu à peu converti à la République. Il y a laissé, comme partout où il a passé, des amis qui ont cruellement senti, lors de sa mort imprévue, la perte que faisait en lui la cause commune à tous les bons citoyens. Un de ses secrétaires, qui l'a vu à l'œuvre à cette époque, M. Vivier, s'exprime ainsi sur son ancien chef : « Homme de travail, esprit ouvert, il voyait les
« affaires de haut, et quoique connaissant tous les détails
« de l'administration, c'était toujours sur des considéra-
« tions d'ordre supérieur qu'il appuyait ses décisions...
« Chaque affaire était présente à sa mémoire, et rarement
« il avait besoin du dossier pour indiquer, sur la dépêche
« qu'il venait de décacheter, la réponse à faire, ou la
« procédure à suivre pour continuer l'instruction. Ses
« notes écrites au crayon, au courant même de l'idée,
« étaient de véritables chefs-d'œuvre de concision et de
« netteté, et il semblait, lorsqu'elles parvenaient dans
« les divers services, qu'on n'avait qu'à les recopier sans
« y changer un mot. Lorsque des questions délicates se
« présentaient, il ne confiait point à d'autres le soin de
« les étudier, et c'est ainsi que sont sortis de sa plume
« des rapports comme on ne devait pas être habitué à
« en recevoir dans les bureaux des ministères, ou ces

« instructions si fortement motivées qu'il adressait à ses
« sous-préfets dans les cas difficiles... Entre lui et ses
« collaborateurs, il savait établir un sentiment d'étroite
« solidarité ; il avait confiance en eux, et tous avaient
« confiance en lui. »

Regnault était un modèle d'administrateur républicain dans une démocratie ; simple, affable, énergique
dans la défense de ses collaborateurs de tout grade et de
tout rang, il avait la passion de la justice. Il m'a cité
bien souvent ce passage d'une instruction d'un de nos
anciens à la direction générale des Douanes : « Tout chef
« d'administration qui, en signalant ses subordonnés,
« n'est pas saisi d'une crainte religieuse, n'a pas le sen-
« timent du devoir qu'il remplit. L'impression de juge-
« ments hasardés peut poursuivre un employé pendant
« tout le cours de sa carrière ; malheur déplorable,
« puisque celui qui l'a causé n'a que bien rarement la
« volonté de le réparer, et que, quand il en a la volonté,
« il n'en a pas toujours le pouvoir. »

Telle était la situation qu'il s'était acquise que, lors de
la crise qui bouleversa la préfecture de police et amena
la sortie de M. de Marcère du ministère de l'intérieur,
le conseil des ministres, cherchant dans le haut personnel de l'administration à quel républicain éprouvé et
capable il pourrait confier la mission de réorganiser et
de remettre en crédit cette institution compromise, se
trouva unanime pour offrir à Regnault la succession de
M. Albert Gigot.

Notons à l'honneur de notre ami qu'antérieurement déjà, M. Casimir Périer avait songé à lui pour ce même poste.

Regnault n'était pas de ceux qui marchandent leur concours dans les moments critiques. Il l'avait prouvé en 1871. Il était prêt — ce sont ses termes mêmes — « à se jeter à l'eau ». Mais il voulait que son sacrifice servit à quelque chose, qu'il fût utilisé au profit d'une politique nette et résolue, et ce n'était pas le mirage puéril d'une grande situation qui pouvait faire fléchir un jugement aussi ferme que le sien. Il voyait trop clair dans la situation et dans le jeu des partis. Sa seule préoccupation fut de rendre acceptable au conseil des ministres le refus que lui avaient dicté, en dépit d'une flatteuse insistance, sa conscience d'honnête homme et son sens politique. Les motifs qui l'inspirèrent alors étaient d'un ordre supérieur et montrent que, les circonstances aidant, il pouvait déplier l'étoffe d'un homme d'État.

Dans une des lettres qu'il écrivait à cette date à madame Regnault, il résumait en ces mots sa conversation avec un des principaux membres du cabinet : « Vous « me demandez un préfet de police : moi, je vous « demande au préalable un gouvernement. » Pour qu'on pût songer à réorganiser la préfecture de police, « il « fallait d'abord qu'il se fût constitué dans le Parlement « une majorité pour soutenir le gouvernement contre « des empiétements destructifs de toute bonne adminis-« tration ». Il se rendit parfaitement compte que la tactique purement militante et guerroyante de l'opposition consistait à « égrener un à un tous les membres « d'un cabinet modéré », et il ajoutait, après maintes considérations justifiées depuis par les événements, cette parole prophétique : « Le Sénat voit juste, et il inter- « viendra quand il le faudra. Aura-t-il la force néces- « saire? Dieu le veuille ! »

Il reprit donc le chemin de sa chère préfecture de la Rochelle. Il y était à peine de retour, que le gouvernement venait de nouveau l'y chercher pour le charger de la direction générale des affaires civiles et financières de l'Algérie. Le séjour de Regnault en Algérie, bien qu'il n'ait pas duré une année entière, a été dans sa vie une période décisive. Rapidement familiarisée avec ce nouveau champ d'action, son intelligence, à la fois pratique et réformatrice, eut vite discerné le nœud du problème, démêlé les fautes commises et mesuré exactement les ressources et les chances de l'œuvre à accomplir. Il avait compris qu'en présence de la faiblesse numérique de l'émigration française et du danger de l'infiltration italienne et espagnole, le meilleur, le seul moyen d'assurer définitivement la conquête française, c'était de l'étayer sur l'élément le plus nombreux et aussi le plus assimilable de la population indigène, sur les Berbères, si rapprochés des Européens par leur origine, leurs mœurs et leur caractère, tandis que les différents systèmes suivis depuis le départ du maréchal Bugeaud n'avaient abouti qu'à renforcer la suprématie de l'élément arabe, réfractaire à la civilisation française et hostile à la population autochtone. Sur tous les points essentiels, constitution de la propriété, organisation de la justice et des finances, aménagement de la culture forestière et agricole, Regnault voyait juste et allait droit à la solution la plus conforme à la nature des faits en même temps qu'à l'intérét national.

Quand, de retour en France, avec l'amer chagrin de n'avoir fait que passer là où il y avait tant à faire, il rédigeait d'après ses notes et ses souvenirs, dans les rares loisirs que lui laissait sa préfecture du Loiret, son travail sur « *La Question algérienne* », il caressait encore l'espoir que peut-être un jour il lui serait donné de reprendre son œuvre en Algérie, ou d'en tenter une semblable en Tunisie ; il ne se doutait guère, ni ses amis non plus, qu'il écrivait ce qu'on pourrait appeler le testament d'un administrateur républicain.

En décembre 1881[1], à l'avènement du cabinet présidé par Gambetta, le nouveau ministre des finances, sur l'indication même du nouveau président du conseil, le pressait vivement d'accepter la direction générale des manufactures de l'État. Les termes mêmes dans lesquels on sollicitait son concours montrent bien qu'on le considérait moins comme un fonctionnaire, même de l'ordre le plus élevé, que comme un collaborateur qu'on traite d'égal à égal, comme une sorte de col-

[1] M. Constans, ministre de l'intérieur, lui avait offert quelque temps auparavant la préfecture de Rouen

lègue modeste, mais apprécié des membres du cabinet [1].

Ce que fut son administration pendant les cinq ans
qu'il passa à la tête de ce grand service (1881-1886),
les paroles prononcées sur sa tombe, et qu'on trouvera
plus loin, essayent de le dire. Les regrets qu'il a laissés,
et qui ne s'effaceront pas, en témoignent chaque jour. Et
pourtant, quelque satisfaction qu'il éprouvât à devenir
le chef d'un corps distingué où il avait fait ses débuts et
trouvé un refuge au 24 et au 16 mai, il avait, cette fois
encore, hésité à se rendre à l'appel du gouvernement. Il
fallut que le vœu unanime de ses futurs collaborateurs
triomphât de ses scrupules.

Que de traits je pourrais encore citer de ce caractère
si droit, si délicat, si profondément désintéressé, si
oublieux de lui-même ! Regnault ne serait pourtant pas
connu comme il mérite de l'être, si je taisais que, dans
les derniers temps de sa vie, une certaine tristesse s'était
emparée de lui. Les divisions du parti républicain ne
l'inquiétaient pas seulement pour le présent et pour
l'avenir : il en souffrait comme d'une véritable douleur
morale, elles lui déchiraient le cœur : son âme se serait
certainement rassérénée s'il avait assez vécu pour voir,
dans l'année du centenaire de 1789, le triomphe de la
République sur ses ennemis coalisés.

[1] La lecture de sa correspondance justifie de reste cette appréciation.

27 octobre 1886.

Les obsèques de M. E. Regnault, directeur général des manufactures de l'État, commandeur de la Légion d'honneur, ont eu lieu ce matin à dix heures.

Le vestibule de la maison qu'il habitait, 3, place de l'Alma, avait été transformé en chapelle ardente ; le cercueil disparaissait sous les fleurs et les couronnes.

Nous avons remarqué celles qui portaient les inscriptions suivantes :

« Les directeurs de tous les ministères. »

« La Charente-Inférieure à son ancien préfet. »

« Le personnel des manufactures de l'État et le service central. »

« La manufacture de Paris et les services spéciaux. »

« Les préposés, ouvriers et ouvrières de la manufacture du Gros-Caillou, de la manufacture de Pantin et de celle de Reuilly. »

« Les manufactures de Tonneins, Châteauroux, Dieppe, Lille, Le Mans, Morlaix, Orléans, Nice, Dijon, à leur directeur général. »

« Les Nivernais à leur cher camarade. »

« Tannay à son maire et cher compatriote. »

« A Regnault, ses amis. »

Avant la levée du corps, M. G. Pallain, doyen des

2

chefs de service du ministère des finances, a prononcé les paroles suivantes :

« MESSIEURS,

« Au moment de dire un dernier et cruel adieu à notre ami Regnault, vous permettrez à un de ceux qui l'ont le mieux connu, le plus aimé, d'exprimer au nom de tous ses amis et de tous ses collègues notre profonde douleur.

« La République perd en lui un de ceux qui réalisaient le mieux l'idéal de l'administrateur public dans une démocratie : observateur scrupuleux des règles, mais, en même temps, animé pour les faibles et les petits de cette sollicitude qui est l'honneur de notre époque.

« Admirablement préparé par de fortes études, car il était un lettré en même temps qu'un savant, il s'était trouvé tout de suite au niveau des fonctions les plus hautes et les plus diverses ; et c'était vraiment avec une aisance merveilleuse qu'il dominait toujours le poste où l'avait porté la confiance du gouvernement.

« Cette qualité n'était que l'expression de la sincérité et de la simplicité absolue de son caractère. C'est par là que, dans les diverses préfectures qu'il a occupées, dans le Doubs, dans la Marne, en Saône-et-Loire, dans la Charente-Inférieure, et en dernier lieu dans le Loiret, où il m'a été donné de le voir à l'œuvre, il a su rallier à sa personne et aux idées qu'il représentait les populations qui ne résistaient pas à tant de droiture et à tant de loyauté ;

d'ailleurs très résolu, très décidé, sachant prendre un parti, sachant s'y tenir, sa grande modération venait de sa grande intelligence, de son sens pratique des réalités et des difficultés ; elle ne nuisait en rien à la fermeté inébranlable de ses convictions.

« Il avait appartenu à une grande école qui a fourni tant d'hommes éminents ; il y avait pris toutes les qualités qu'elle donne : mais ce qui était bien à lui, c'était l'indépendance de son jugement et la bonté de son cœur.

« Dans cette grande industrie d'État qu'il dirigeait en la perfectionnant lorsque la mort est venue le surprendre, quel est le collaborateur, quel est l'employé, quel est l'ouvrier qui n'a ressenti les effets de sa sollicitude, de sa justice? Combien d'amis il a laissés dans les divers départements dont je vous parlais tout à l'heure !

« Toujours accessible, toujours accueillant, en lui l'homme privé valait l'homme public. Il faut l'avoir vu dans son intérieur pour comprendre les regrets qu'il laisse à ceux qui ont éprouvé le charme de son commerce, de sa bonne humeur, de sa sympathie affectueuse, de son esprit fin et pénétrant.

« Adieu, Regnault, adieu! Tu laisses pour porter fièrement ton nom, pour servir la patrie et la République comme tu les as servies toi-même, des fils dignes de toi.

« Puisse leur affection adoucir un peu pour leur mère désolée la douleur d'une telle séparation. »

Après lui, M. Schlœsing, directeur de l'École d'application des manufactures de l'État, membre de l'Institut, a parlé au nom des manufactures de l'État :

« MESSIEURS,

« Appelé par l'ancienneté à prendre la parole devant ce cercueil, je sais qu'en exprimant les regrets profonds du personnel des manufactures de l'État, je suis l'interprète d'un sentiment unanime et absolument sincère. Vous venez d'entendre un rapide résumé de la carrière administrative de M. Regnault, marquée en tant de circonstances par une rare intelligence des affaires les plus variées, par un ferme attachement à des convictions formées en lui dès son séjour à l'École polytechnique. Je ne veux pas revenir sur des mérites que nous tous, ses administrés, avons si bien connus et appréciés. Je tiens seulement à rappeler le trait essentiel du caractère de M. Regnault : cette inépuisable bienveillance envers tous, qu'il savait si bien concilier avec les devoirs de sa charge. Il était notre ami autant que notre chef. Qui de nous, dans ses relations avec lui, n'a recueilli des marques d'une bonté toujours aimable? Cette bonté, plus qu'un autre dans notre corps, j'ai pu l'apprécier, ayant été tour à tour le chef de M. Regnault pendant qu'il était élève de notre École d'application, et son subordonné après son élévation aux fonctions de directeur général : combien j'ai été touché alors de la délicatesse exquise et

de la grâce que M. Regnault savait mettre dans ses rapports de directeur général avec son ancien maitre!

« Si tel était M. Regnault pour ses administrés, ceux-
là mêmes qui n'ont pas pénétré dans son intérieur peu-
vent se figurer ce qu'il était au milieu des siens, pour
cette femme d'élite associée à sa vie, pour ses quatre fils
et sa fille, ornement et joie de son foyer. Il y avait, dans
cette famille privilégiée, un bonheur intime qui débor-
dait au dehors, un bien-être des cœurs expansif, source
toute naturelle d'affabilité dans les relations exté-
rieures.

« Maintenant, toute joie est éteinte; il n'y a plus
qu'une désolation proportionnée au bonheur perdu.
Toute parole de consolation venant de nous serait super-
flue; prenons simplement notre part de ce grand deuil,
et gardons pieusement dans nos cœurs le souvenir de
celui qui fut pour plusieurs un camarade plein d'affection, pour tous un chef aimé et respecté. »

Au départ pour l'église, le 46ᵉ de ligne a rendu les
honneurs funèbres.

Le deuil était conduit par les quatre fils de M. Regnault,
suivis d'un grand nombre d'amis.

Le colonel Cance, attaché à la personne du Président
de la République, et le colonel Lichtenstein, officier
d'ordonnance de l'Élysée, représentaient le Président.

Dans l'assistance, on remarquait : MM. Carnot, ministre des finances; Peytral, sous-secrétaire d'État des

finances; Develle, ministre de l'agriculture; Jules Ferry, de Marcère, Cochery, anciens ministres; les généraux Pittié, Saussier, gouverneur de Paris, Gresley, Forgemol, Billot; un grand nombre de sénateurs, de députés et de fonctionnaires des diverses administrations.

PARIS

TYPOGRAPHIE DE E. PLON, NOURRIT ET Cie

8, rue Garancière